Der Ruf Schottlands

von Patrick Laughlin

Inhalt

Einführung	*Seite 2*
Die Grenzen	4
Edinburgh	10
Fife	16
Das Zentrale Hochland	22
Der Nordosten	30
Das nördliche Hochland	38
Die Inseln	44
Die Westküste	50
Glasgow	56
Der Südwesten	60
Fotoindex	*hinterer Einband (Innenseite)*

Jarrold Publishing, Norwich

Einführung

Den Ruhm Schottlands zu beschreiben, heißt das Unmögliche versuchen. Kein anderes Land von vergleichbarer Größe kann solch bewegende und leidenschaftliche Bilder von Landschaft, Geschichte und Kultur aufbieten, und nur wenige Länder rufen ein derartig tiefes Gefühl von Zugehörigkeit unter ihren Bewohnern hervor wie Schottland. Für viele liegt Schottlands Schönheit in der Landschaft. Hier hat die Natur aus den ältesten dem Menschen bekannten Felsen eine Landschaft geformt, die viele für die schönste der Welt halten – das schottische Hochland. Andere Länder mögen höhere Gipfel, tiefere Seen und breitere Täler haben, aber die einzigartige Verbindung von Berg, See und Tal in Schottland ergreift immer noch die Herzen all derer, die diese Pracht mit eigenen Augen sehen.

Für einige liegt Schottlands Größe in seiner Geschichte. Trotz der Invasionen durch Römer, Wikinger und Engländer wurde Schottland nie ganz erobert und hat immer aufs heftigste zumindest einen gewissen Grad von Unabhängigkeit verteidigt.

Für andere wiederum liegt Schottlands Schönheit in seinen Menschen. Die Schotten sind stolz auf ihr Land, ohne dabei fanatisch zu sein; sie sind schöpferisch auf den Gebieten von Literatur, Bildender Kunst und Musik; und vor allem sind sie bekannt für ihre Freundlichkeit und Gastfreundschaft.

Dann gibt es noch die, für die Schottlands Größe in seiner Kultur liegt; nicht nur in den traditionellen Verkörperungen des Schottentums wie Haggis, Heide und Dudelsack – bei aller Aussagekraft, die diese Symbole haben – sondern auch in seiner lebendigen, dynamischen Kultur, die ihren Einfluß in der ganzen Welt fühlbar gemacht hat. Wer hat nicht schon schottischen Whisky genossen, einen Golfschläger geschwungen oder Spaß am Schottenkaro gefunden?

Vielleicht liegt Schottlands Pracht gerade in seiner großen Vielseitigkeit. Da ist das abwechslungsreiche Klima – mit einigem Recht wird behauptet, daß man alle vier Jahreszeiten an einem einzigen Tag antreffen kann. Die Vielfalt der Sprachen – das Gälische ist im Hochland und auf den Inseln immer noch weit verbreitet. Oder die Abwechslung in den Lebensstilen, von den aufregenden und lauten Städten im Tiefland bis zur Ruhe in einer Hochlandkate, zwischen denen Welten liegen.

So wenig man Schottlands Herrlichkeit bestimmen kann, so kann vielleicht eine kurze Reise durch diese Seiten etwas vom Wesen dieser bemerkenswerten Nation vermitteln.

Elgol (auf der Insel Skye) wird von den Cuillin Hügeln dominiert

Die Grenzen

Das erste, was die Besucher Schottlands aus aller Welt sehen und was ihnen einen Vorgeschmack auf das Kommende gibt, sind die schottischen Grenzen. Und doch begnügen sich leider allzuviele damit, nur schnell durch dieses bezaubernde Gebiet zu fahren, allzu bestrebt, die mehr bekannten Sehenswürdigkeiten von Edinburgh und dem Hochland zu erreichen.

In diesem Land der sanften Hügel und fruchtbaren Böden ist alles friedlich. Nur schwer kann man sich heute vorstellen, daß dies über Jahrhunderte das umkämpfteste Gebiet auf der Erde war. Diejenigen, die hier ein wenig halt machen und die Grenzen auskundschaften, werden nicht nur ein erstaunlich reichhaltiges geschichtliches Erbe finden, sondern auch freundliche Menschen, die, obwohl sie so nah an England leben, sich stolz zu Schottland bekennen.

Die stürmische Vergangenheit der Grenzen kann am besten an den Gebäuden abgelesen werden. Am berühmtesten sind die vier prächtigen Abteien von Jedburgh, Melrose, Kelso und Dryburgh. Diese vier Abteien wurden alle im 12. Jahrhundert von David I. gegründet, und alle wurden während der Zeit der englischen Invasion und des schottischen Widerstands mehrmals zerstört und wiederaufgebaut, bevor sie nach der Reformation endgültig zu Ruinen verfielen. Trotz dieser gemeinsamen Vergangenheit hat jede der Grenz-Abteien eine ganz eigene Attraktion: Jedburgh, die besterhaltene von allen, steht stolz an einem Hang, umgeben von ihrer historischen Stadt; unter den geschwungenen Bögen der Melrose Abtei liegt das Herz von Robert Bruce begraben; Kelso ist die wohlhabendste – und deshalb so häufig geplündert wie keine andere der Abteien; und dann Dryburgh, die gebaut aus honiggelbem Stein, romantisch über der Tweed liegt.

Während die Abteien nicht gebaut wurden, um den ständigen Angriffen und Scharmützeln der Grenzkriege standzuhalten, stehen heute immer noch zahlreiche Burgen und befestigte Häuser, die an das vergangene blutige Zeitalter erinnern. Unter ihnen befindet sich z.B. das Tranquair Haus, das von nicht weniger als 27 Monarchen besucht wurde; dann die Burg Hermitage aus dem 14. Jahrhundert, eine furchterregende Befestigung mit einer blutigen Vergangenheit; und die Burg Neidpath, einst von Cromwell belagert, die in der Nähe vom beliebten Urlaubsort Pebbles liegt. Und doch wäre es ungerecht, die Schuld für die turbulente Vergangenheit der Grenzen allein den Engländern zuschieben zu wollen. Ein gut Teil der kriegerischen Auseinandersetzungen und Gesetzlosigkeiten stammte von den sogenannten 'Grenzplünderern' – den Viehdieben, deren bittere Familienfehden sich oft über mehrere Generationen hinzogen. Heutzutage werden diese großen Rivalitäten zwischen den Grenzstädten auf dem Rugbyfeld ausgetragen, denn dies ist das Herzland des schottischen Rugby.

Viele der Grenzgemeinden lassen ihre illustre Vergangenheit durch die einzigartigen Aufführungen der sogenannten Gemeinderitte wiederaufleben. Diese farbigen Zeremonien, vor einem riesigen Publikum in Szene gesetzt, umfassen normalerweise massenhafte Ausritte zu Pferd.

Angesichts solch einer langen und reichen Tradition ist es kein Wunder, daß Sir Walter Scott, Schottlands führender historischer Romancier und Antiquar, sich in diesem Grenzgebiet niederließ. Er schuf sich sein eigenes Haus, das er in Erinnerung an die hiesigen Mönche Abbotsford nannte, und füllte es mit schottischen Schätzen. Heutzutage ist es eine der meistbesuchten Attraktionen in Schottland. Abbotsford ist aber keineswegs das größte Haus im Grenzgebiet.

Die Wollindustrie ist schon seit langer Zeit ein wichtiger Bestandteil der Wirtschaft im Grenzgebiet, und mehrere Städte sind bekannt für ihre hochwertigen Tweeds und Wollgüter. Die charakteristischen zweifarbigen Tweedmuster wurden in Jedburgh entworfen und sind seitdem in der ganzen Welt berühmt. Mit der Geschichte dieser Industrie und ihrer Produkte kann man sich in verschiedenen Mühlen und Museen entlang des sogenannten Wollpfades im Grenzgebiet vertraut machen.

Einen ganz anderen Aspekt des Grenzgebietes kann man entlang der Berwickshireküste kennenlernen. Statt mit Landwirtschaft und Plünderungen hat man hier seinen Unterhalt mit Fischerei und Schmuggelgeschäften verdient.

Weiter entlang der Küste werden die erstklassigen Strände von East Lothian von einer Serie von Golfkursen gesäumt, wobei Muirfield der schönste Platz zukommt. Die Ferien- und Golforte Dunbar und North Berwick profitieren davon, daß die Sonne in ihnen länger scheint als im übrigen Schottland, während die dramatische Burg Tantallon die Firth of Forth bis hin zum unverwechselbaren Bass Felsen übersieht. Im Inland liegen die reizenden, rotdachigen Dörfer in den üppigen Weideländern von East Lothian. Besonders anziehend ist die kleine georgianische Stadt Haddington mit ihrem hübschen Marktplatz.

Es gibt keine bessere Einführung in die Schönheiten Schottlands als dieses Grenzgebiet.

Die Abtei von Jedburgh aus dem 12. Jahrhundert

Die Dryburgh Abtei liegt in einer friedlichen Umgebung

Der Landsitz Traquair ist eines der geschichtlichsten Häuser Schottlands

Ein Gemeindeausritt in Selkirk; der Royal Burgh Fahnenträger 'wirft die Farben'

Abbotsford, Heimat von Sir Walter Scott, liegt an den Ufern der Tweed

Sir Walter Scott's Blick über die Eildon Hügel ist das beliebteste Panorama im Grenzgebiet

Die Burg Floors ist der großartigste der historischen Landsitze im Grenzgebiet

Das Museum und die Scott Kunstgallerie in Hawick

Die Wollmühlen der Grenzgebiete sind begehrte Orte für Sonderangebotsjäger

Ein typisches elegantes, schottisches Bankgebäude, Haddington

Die Burg Tantallon blickt zum Bass Rock hinüber

Edinburgh

Schottlands Hauptstadt Edinburgh ist eine der meistbeschriebenen und photographierten Städte der Welt. Ihre dramatische Silhouette, ihre alle Aspekte des städtischen Lebens durchdringende Geschichte und ihr kulturelles Niveau machen einen unauslöschlichen Eindruck auf jeden Besucher.

Es ist eine Freude, Edinburgh zu Fuß zu erkunden; die meisten ihrer Attraktionen befinden sich in einem zentralen Gebiet, das die Altstadt von dem neuen Teil der Stadt trennt. Eine Fülle von leicht zu identifizierenden Wahrzeichen erleichtert die Orientierung. Die Burg von Edinburgh, die die gesamte Stadt überragt, ist ein natürlicher Ausgangspunkt für jeden Besuch. Seit dem Mittelalter befand sich auf diesem vulkanischen Felsen eine Burg. Die heutige Burg ist eine Ansammlung von Gebäuden, die von der Queen Margarets Kapelle über die mittelalterlichen Wohnungen, die die schottischen Kronjuwelen enthalten, bis zu den moderneren Kasernen (die heute noch immer in Gebrauch sind) reichen. Von den Burgwällen hat man eine phantastische Aussicht über die Lothians, die Fife und das Hochland dahinter.

Wenn man die Burg über die Esplanade verläßt, die jeden August die Edinburgh Military Tatoo beheimatet, erwartet einen eine der ältesten Straßen Europas: die Royal Mile. Tatsächlich besteht die Royal Mile aus vier Straßen (Castlehill, Lawnmarket, High Street und Canongate), die durch ihre Enden miteinander verbunden sind; diese Straßen bildeten das Rückgrat von Edinburghs Altstadt, eine Straße schwanger mit Geschichte. Diese Kopfsteinpflasterstraße, gesäumt von eng aneinanderliegenden hohen Gebäuden, bildete den Treffpunkt und Marktplatz und war Schauplatz öffentlicher Festivitäten und Exekutionen. Heute finden sich auf dieser Zeile Dutzende von Attraktionen, zu zahlreich um alle zu nennen, und doch ist die Royal Mile mit all ihren Museen und Kirchen und Handwerkszentren immer noch eine sehr betriebsame,

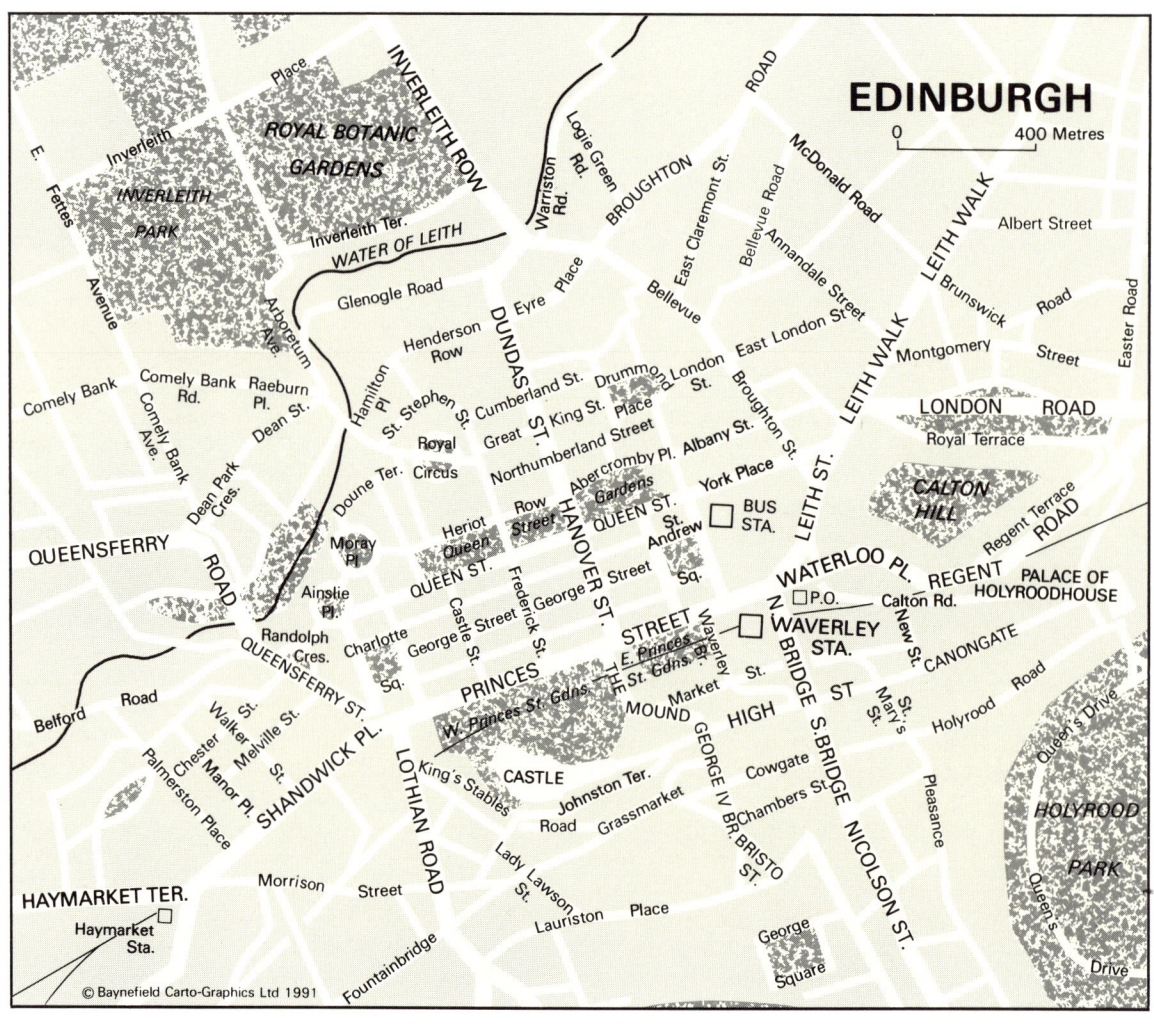

Die Princes Street Gärten, überragt von der Burg, sind ein Ort des Friedens im Stadtzentrum

lebendige Straße. An ihrem Ende, unter den dräuenden Salisbury Crags und Arthur's Seat liegt der Hollyroodhouse Palast, die offizielle schottische Residenz der Monarchie. Der Palast, vor allem berühmt durch seine Assoziationen mit Mary Stuart, ist ein hervorragendes Beispiel für die Renaissance Architektur.

Und doch datieren die meisten architektonischen Schönheiten Edinburghs aus der georgianischen Zeit. Im 18. Jahrhundert schufen sich die wohlhabenden Bewohner der übervölkerten Altstadt eine neue Stadt mit breiten Alleen, eleganten Plätzen und schwungvollen halbmondförmigen Gebäuden (crescents), weil sie genug hatten von den lauten und unhygienischen Lebensbedingungen. Die Neue Stadt wurde gleichbedeutend mit kultiviertem Leben und jetzt sind es Finanziers, Steuerberater und Architekten, die die meisten der Räume hinter den diskreten neoklassizistischen Fassaden bewohnen.

Die ästhetische Verbindlichkeit der Neuen Stadt wurde in dem wachsenden kulturellen Status Edinburghs reflektiert. Literatur, Bildende Kunst und Philiosophie florierten in der Periode der sogenannten Schottischen Aufklärung. Zu dieser Zeit bildete die Stadt die Heimat für romantische Schriftsteller wie Scott und Burns, für begabte Künstler wie Wilkie und Raeburn und berühmte Philosophen wie Hume und Smith. Edinburgh erhielt den Spitznamen 'Das Athen des Nordens', ein Ruf, der ohne Zweifel durch die vielen Gedenksteine und Statuen gefördert wurde, z.B das hochragende Scott Monument in der Princess Street und die vielen Denkmale auf Calton Hill.

Das Erbe der schottischen Aufklärung befähigte Edinburgh, seine Position als internationales Kulturzentrum zu halten. Die Stadt ist die Heimat der Nationalgalerie von Schottland mit verschiedenen Sammlungen allgemeiner Bildender Kunst, Porträts, Moderner Kunst und Antiquitäten. Darüberhinaus gibt es noch viele kleinere Galerien, die traditionelle und moderne Werke ausstellen, jede Menge Museen und historische Gebäude, die den Besuchern offenstehen. Absoluter Höhepunkt des kulturellen Jahres jedoch ist zweifellos das weltberühmte, internationale Edinburgh Festival. Dieses Festival, das seit 1947 jedes Jahr im August stattfindet, ist zusammen mit seinen Randprogrammen das größte künstlerische Festival der Welt. Für drei Wochen herrscht in der Stadt Karnevalsatmosphäre. Alle öffentlichen Räumlichkeiten, seien es Theater mit 3000 Sitzplätzen oder Spielplätze von Schulen, Konzert- oder Kirchenhallen, werden benutzt, wo Darsteller und Publikum sich gleichermaßen an Theater, Oper, Straßendarbietungen und Musik aller Art erfreuen.

Edinburghs Hafen Leith hat seine eigene Atmosphäre erhalten, und obwohl das Hafenviertel sich mehr und mehr mit Weinbars, Restaurants und Luxusapartments anfüllt, existiert dort immer noch eine hartarbeitende Gemeinschaft, die mit beiden Beinen fest auf der Erde steht. Etwas weiter weg finden sich das herrliche Herrenhaus Adam, die großartigen Ruinen des Linlithgow Palastes und weniger bekannte Schätze, wie z.B. die Roslin Kapelle.

Aber es ist immer schwierig, sich von Edinburgh zu verabschieden, denn Edinburgh ist nun einmal ganz einfach eine der großen Städte in der Welt.

Das unvergleichliche Schauspiel einer militärischen Musikparade in Edinburgh

John Knox Haus in der historischen Royal Mile

Die St. Giles Kathedrale ist Edinburghs Hauptkirche

Der prächtige Holyroodhouse Palast ist ein Wahrzeichen in Schottlands Hauptstadt

Die elegante Architektur von Edinburghs Neustadt kann man am besten im Charlotte Square sehen

Edinburghs Silhouette ist eine Explosion von Turmspitzen, Türmen und Felsen

Princes Street ist eine von Europas schönsten Durchgangsstraßen

Der Hafen von Leith – heute ein modischer Treffpunkt

Festival in der Stadt

Fife

Die meisten Besucher werden Fife erreichen, indem sie eine der Forth Brücken überqueren, und man kann sich keine schönere Einführung in eine der einmaligen Gebiete Schottlands vorstellen. Die elegante Hängebrücke für Straßenverkehr und die massive Auslegerbrücke für Eisenbahnen bilden so, wie sie zusammen Seite an Seite stehen, eine der großartigen Szenerien des Landes; und sobald der Reisende die nördliche Küste von Firth of Fifth erreicht, erfaßt ihn das erregende Gefühl in einer deutlich seperaten Region angekommen zu sein. Fife ist anders. Früher war es als das Königreich Fife bekannt, und seine Bewohner haben sich immer ihres unabhängigen Charakters erfreut – eine Unabhängigkeit, die sich heute in Fifes unverkennbarer Landschaft, seinen Gebäuden und dem lokalen Dialekt offenbart.

Zwei der weniger bekannten Schönheiten von Fife liegen westlich der Forth Brücken. Culrose ist eine kleine Stadt, die im 16. und 17. Jahrhundert einen blühenden Handelshafen hatte; obwohl seine Bedeutung geschwunden ist, haben seine Gebäude überlebt, wurden restauriert und lassen so einen authentischen Blick ins schottische Alltagsleben vor der Industriellen Revolution zu. Im Zentrum der viel größeren Stadt Dumfermline, die ehemals die Hauptstadt von Schottland war, steht die Abtei aus dem 12. Jahrhundert, in der die Überreste von Robert Burns aufbewahrt sind.

Die Küstenstraße führt in östlicher Richtung durch schmale Orte wie Aberdour und Kinghorn, die am besten für ihre Strände bekannt sind, dann weiter durch industrielle Städte wie Kirkcaldy und Methil, bevor sie in das malerischste Gebiet von Fife einmündet: East Neuk. Das Wort 'neuk' bedeutet 'Ecke', und dies ist tatsächlich die östlichste Ecke von Fife, die in die Nordsee herausragt. Ihre Halbdutzend Fischerdörfer sind berühmt für ihren Charme und ihren unverschandelten Charakter; mit ihren weißgewaschenen Cottages, den rotgeziegelten Dächern und den farbenprächtigen Häfen, sind sie ein Magnet für Künstler und Fotografen.

Die East Neuk Häfen waren im Mittelater, als sie mit Ländern in ganz Europa gehandelt haben, am wohlhabendsten. Die durch flämische Architektur inspirierten Patriziergiebel auf vielen älteren Gebäuden sind der sichtbarste Hinweis auf diese ehemaligen, kontinentalen Verbindungen. Als der europäische Handel zurückging, wurde die Fischerei die Hauptindustrie und, obwohl die großen Heringsflotten, die die Häfen von Anstruther und St Monans füllten, verschwunden sind, existiert immer noch eine kleine Fischereiindustrie. Pittenweem ist nun der Hauptfischereihafen mit Meeresfrüchten und Schalentieren als Spezialitäten.

Im Inland, wo Fifes Landschaft aussieht wie ein bunter Teppich, winden sich die Straßen im Zickzack durch hübsche Dörfer. Besonders erwähnenswert sind Ceres mit seinem Folkloremuseum und Falkland, das von seinem Palast dominiert wird. Der Falkland Palast aus dem 16. Jahrundert, der zwar als Befestigungsanlage diente, aber dabei kunstvoll dekoriert ist, wurde von James IV. und V. als Residenz für die Stuart Könige und Königinnen gebaut. Die königlichen Besucher, unter ihnen Mary Stuart, jagten Hirsche und Eber in den nahegelegenen Wäldern und spielten königliches oder 'echtes' Tennis auf dem Hof des Palastes. Aber 1567 kehrte Mary unter tragischeren Umständen zurück. Sie wurde für 11 Monate in der Insel Burg am Loch Leven eingesperrt. Und obwohl sie von einem Jüngling aus der Gegend in die Freiheit gerudert wurde, wurde sie schon bald danach wieder von Elisabeth I. eingefangen – sie sollte nie wieder nach Schottland zurückkehren.

Eine der Zeitvertreibungen von Mary Stuart in glücklicheren Zeiten war das Golfspiel, und in Fife scheinen alle Straßen irgendwann nach St. Andrews, der Heimat des Golfs, zu führen. Frühe Dokumente zeigen, daß hier schon um 1547 Golf gespielt wurde; zwei Jahrunderte später wurde die *Society of St. Andrews Golfers* von ansässigen Gentlemen gegründet. Diese Gesellschaft wurde später der *Royal and Ancient Golf Club*, der jetzt die internationale Zentrale für diesen Sport ist. Golf gehört zum Lebensstil in ganz Schottland, aber in Fife ist es eher eine Leidenschaft, und abgesehen von den fünf berühmten Kursen – und dem Britischen Golf Museum in St. Andrews – gibt es noch viele andere ausgezeichnete Kurse in dieser Gegend.

Wegen seiner ausgezeichneten Strände ist St. Andrews heute ein beliebter Badeort, aber nur wenige Badeorte können eine derartig anziehende Mischung aus alt und neu bieten.

Die mächtige Forth Bridge ist eines der weltbekannten Wahrzeichen

Culross ist ein schön erhaltenes Dorf aus dem 17. Jahrhundert an der Forth

Die Dunfermline Abtei aus dem 12. Jahrhundert überblickt den Pittencrieff Park

Crail, Fifes malerischster Hafen

Dysarts weißgewaschene Cottages mit Patriziergiebeln sind typisch für die Fife Küste

Der Falkland Palast war der Landsitz für die Stuart Monarchen

Die Burg Loch Leven, wo Mary Stuart 1567 eingesperrt wurde

Das Royal und Ancient Clubhaus überragt den berühmten Old Course in St. Andrews

Die Burg St. Andrews beheimatet den berüchtigten Bottle Dungeon

Der Turm St. Rule bildet einen Teil der umfangreichen Überreste der St. Andrews Kathedrale

Das Zentrale Hochland

Das zentrale Hochland ist sowohl geographisch als auch historisch das Herz Schottlands. Hier, wo sich Hochland und Tiefland treffen, ist eine Region blendender, landschaftlicher Kontraste. Im Süden und Osten liegen fruchtbare Felder und sanfte Hügel, während sich im Norden und Westen die von Seen und kleinen Tälern zergliederten Berge erheben.

Dieses Gebiet wurde mit Recht der schottische Lake District genannt. Große und kleine Seen liegen hier überall verstreut – der bekannteste unter ihnen ist Loch Lomond. Dieser schöne See, deren 'bonnie Banks' in einem Lied verewigt wurden, ist nach wie vor ein Magnet für unzählige Besucher. Im Sommer jagen Vergnügungsflöße um die vielen Inseln des Sees, während an der Uferlinie Menschen ein Picknick machen und Wanderer das Panorama vom Ben Lomond genießen.

Einige der anderen Seen werden in ähnlicher Weise von Bergen in der Nähe überragt. Die ausgeprägte, pyramidale Form des Schiehallion türmt sich mächtig über dem einsamen Loch Rannoch auf; Ben Lawers massige Form dominiert den steil abfallenden Loch Tay; Wassersportenthusiasten werden auf dem Loch Earn vom Ben Vorlich überschaut; und der Aufstieg auf den Ben Venue wird mit einer Aussicht auf den glänzenden Loch Katrine belohnt.

Flüsse und Seen spielen eine wichtige Rolle im Leben des zentralen Hochlands. Der Fluß Tay – mit 192 km der längste in Schottland – fließt in seiner gesamten Länge und Breite durch Pertshire. Bestimmte Abschnitte des Tay gehören zu den geschätztesten Angelplätzen in der Welt; jeden Januar feiert ein Umzug von Anglern den Beginn der Lachs-Saison. Weiter im Süden fließt der Fluß gelassen an Dunkelds historischer Kathedrale vorbei. Das Dorf Dunkeld ist ein kleines Juwel; seine mit Liebe restaurierten kleinen Häuser wurden gebaut, als die ursprüngliche Siedlung in der Folge der Schlacht von Killiecrankie im Jahre 1689 niedergebrannt wurde.

Der Tay war Zeuge vieler alter geschichtlicher Ereignisse. Birnam Hill, einer der vielen steil bewaldeten Hänge, die den Fluß flankieren, wurde in Shakespeare's *Macbeth* verewigt. Macbeth war einer der 42 schottischen Könige, die in der weiter unten am Strom gelegenen Abtei von Scone gekrönt wurden. Die Krönungen von Scone fanden bis 1296 auf dem mystischen Stein des Schicksals statt – dann wurde er von Edward I gestohlen und in die Westminster Abtei gebracht. Die Abtei in Scone wurde während der Reformation total zerstört, aber die Geschichte ihrer Könige wird ganz in der Nähe im stattlichen Palast von Scone erzählt.

Weitere Verbindungen mit der Geschichte finden sich in der schönen Stadt Perth, dessen stilvolle georgianischen Gebäude und grünen Parks den breiten Fluß Tay säumen. Perth war ehemals die Hauptstadt Schottlands und trotz seiner Position im Inland florierte sie als Handelszentrum, hauptsächlich dank des befahrbaren Flusses. Bis auf den heutigen Tag sind der Tay und seine Nebenflüsse von zentraler wirtschaftlicher Bedeutung für die Stadt: Sie regieren das landwirtschaftliche Hinterland (das bekannt ist für seine Weichfrüchte, vor allem die Blairgowrie Himbeere) und liefern das saubere und frische Wasser für die berühmten Whiskys von Perth.

Der Forth entspringt in den dicht bewaldeten Hügeln von Trossachs, die besonders schön in ihren Herbstfarben sind. Hier ist ein besonders von bildenden Künstlern, Dichtern und Schriftstellern geliebtes Gebiet, allen voran von Sir Walter Scott. Sein berühmtester Charakter, Rob Roy Macgregor aus den Trossachs, war keine Figur aus der Legende, sondern ein echter Abenteurer des Hochlandes – der abwechselnd als Rinderdieb und stolzer Anführer eines Clans bezeichnet wurde – dessen waghalsige Unternehmungen einen noch heute in den Bann schlagen.

Ein Zentrum für historisches Erbe hält die Erinnerung an den berühmtesten Sieg der Schotten in ihrer narbendurchfurchten Geschichte fest.

Wo sich der Forth öffnet, fließt er unterhalb dramatischer Steilhänge den Ochil Hügel entlang, aus denen die Nebenflüsse stürzen, die die Webstühle der 'Städte am Fuße des Hügels' mit Energie versorgen. Obwohl die Textilindustrie nicht länger auf Wasserenergie angewiesen ist, hat sie überlebt und der Mühlenpfad ist eine beliebte Attraktion. Ja, das Kunstgewerbe ist eines der bedeutenden Charakteristika des zentralen Hochlandes. Es scheinen sich

Ben Lomond brütet über Loch Lomond

Perthshires Königsausblick ist eines der berühmtesten Panoramen Schottlands

Die Braes von Balquhidder – Rob Roy Land

an jeder Ecke Glasbläser, Hornschnitzer und Töpfer zu befinden, und viele andere Handwerker laden Besucher in ihre Heimwerkstätten ein.

Urlaubsorte wie Crieff, Aberfeldy und Pitlochry kümmern sich schon seit Jahrhunderten um Reisende zwischen dem Hoch- und Tiefland, und der moderne Reisende hat die Wahl zwischen unzähligen Orten, die zu einem Besuch einladen. Einzigartige historische Monumente wie die Burg Blair und die Kathedrale von Dunblane vervollständigen die modernen Anziehungspunkte. Fügt man zu all dem noch die herrliche landschaftliche Umgebung hinzu, so gibt es wohl wenige, die bezweifeln würden, daß das Hochland all das enthält, was Schottland so einzigartig macht.

*Eine Vergnügungsreise unter
den bewaldeten Felsen von
Loch Katrine*

*Die breite Tay ist bekannt unter
Lachsanglern*

24

Die hübsche kleine Stadt Dunkeld wurde nach der Schlacht von Killiecrankie total wiederaufgebaut

Die Tay fließt ostwärts unter dem Kinnoull Hügel, in der Nähe von Perth

Burg Stirling, auf einem Felsen thronend

Die Trossachs in ihrer ganzen Pracht nahe Aberfoyle

Robert Bruce blickt über Bannockburn

Handwebstuhlweberei im schottischen Tartans Museum in Comrie

Das hübsche Perthshire Dorf Fortingall hat eine 3000 Jahre alte Eibe

Die Burg Blair ist eine der meistbesuchten, historischen Stätten in Schottland

Der Nordosten

Der Nordosten ist mit seinen achtzig Burgen, seinen Whisky Brennereien, die 50% der gesamten Brennereien in der Welt ausmachen, seinen dramatischen Küsten- und Gebirgslandschaften und mit Aktivitäten, die vom Skifahren bis zum Lachsangeln reichen, schottischer als Schottland selbst.

Dundee ist in seiner herrlichen Lage am Forth der Tay das Tor zum Nordosten. Diese 'Stadt der drei Js' (jute, jam und journalism) hat seine Industrien in den letzten Jahren breit ausgefächert, und als zentrales Schaustück verfügt es in seinen Hafenanlagen über Scotts Forschungsschiff, die RRs *Discovery*. Ein Stück weiter entlang der Angusküste, die einige schöne Strände hat, liegt Abroath, dessen jetzt in Ruinen liegende Abtei der Schauplatz der Unterzeichnung der schottischen Unabhängigkeitserklärung von 1320 wer. Arbroaths Räucherfische (über Holzspänen geräucherte Schellfische) sind eine bekannte Spezialität. Im Inland ragen die Türme der Burg von Glamis über Weichfruchtfelder, die im weiten Tal von Strathmore liegen. Glamis, die den Ruf hat, die spukigste Burg in ganz Schottland zu sein, ist seit 1372 die königliche Residenz.

Aber das Epithet 'königlich' wird am häufigsten an Deeside gehängt. Denn hier, unterhalb des dunklen Lochnagar, liegt die Burg von Balmoral, ein Ferienzufluchtsort für die königliche Familie, seit ihre Umgebung ins Herz der Königin Viktoria geschlossen wurde. Im nahen Braemer zieht das Treffen im Hochland, das am ersten Samstag im September stattfindet, riesige Menschenmassen an, die voller Spannung auf die königliche Familie warten und sich an Aufführungen der Dudelsackbläser, an Tänzen und dem Baumstammwerfen erfreuen.

Die Flüsse Dee und Don fließen gen Osten durch eine waldige Landschaft, die besonders schön im Herbst ist. Kein anderer Teil Schottlands kann sich so vieler Burgen, eine anders als die andere, rühmen. Die Burg Drum hat einen kräftigen Turm aus dem 13. Jahrhundert und die prächtigen Gärten der Crathes Burg gehören zu den besten in ganz Großbritannien. Die schöne Craigievar Burg könnte aus einem Märchen stammen, während die Burg von Dunnottar dramatisch auf hohen Klippen thront, auf drei Seiten von der oft wilden Nordsee umgeben.

Aberdeen, die drittgrößte Stadt Schottlands, verdankt der Nordsee viel. Für Jahrhunderte war Aberdeen ein Fischerei- und Handelshafen und in den 70er Jahren dieses Jahrhunderts die europäische Hauptstadt des Öls. Sein großer Hafen verdankt ein Gutteil seiner anhaltenden Prosperität dem Seeverkehr, der die Ölplattformen beliefert und instand hält. Aberdeen ist eine ansehnliche Stadt, seine Granitgebäude, die in der Sonne glitzern, werden von herrlichen Blumenanlagen in den Parks, Gärten und entlang der Hauptstraßen ergänzt – Rosen, die in Fülle während der Sommermonate blühen. Leafy Old Aberdeen mit seiner Kathedrale und dem turmverzierten King's College ist ein Ort des Friedens in dieser belebten Stadt.

Einen der besten Süßwasserangelplätze kann man an der Spey finden, aber das saubere, weiche Wasser der Spey bringt noch ein berühmteres Nebenprodukt hervor: den Whisky. Dutzende von Brennereien, einige davon mit international bekannten Namen und andere, die der Welt fast unbekannt sind, liegen eingebettet in der nord-östlichen Landschaft. Jede dieser Brennereien produziert einen einzigen Malt Whisky mit seinem ganz eigenen Bukett und Aroma, was Besucher, die dem Malt Whisky Pfad folgen, für sich selbst entdecken können. Trotz vieler Versuche hat kein Land es geschafft, die einzigartigen Charakteristika des schottischen Malt Whiskys nachzuahmen. Seine scheinbar so einfachen Ingredienzen aus Wasser und gemalzener Gerste entwickeln einen schwer zu beschreibenden Zauber, wenn sie über Torffeuer gebrannt und für viele Jahre in Holzfässern gelagert werden, wo sie langsam reifen.

Die schnell fließende Spey entspringt im Herzen der Grampians, in deren Tal verschiedene kleine Dörfer liegen. Das Hochland Folklore Museum von Kingussie gibt einen Einblick in die längst vergangenen Lebensstile der Hochlandbewohner, während das Landmark Centre in Carrbridge ein moderner Anziehungspunkt ist, die die Naturgeschichte dieses Gebiets auf eine lehrreiche und darüberhinaus unterhaltsame Weise

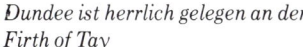

Dundee ist herrlich gelegen an der Firth of Tay

Die Ruinen der Abroath Abtei, Ort der Unterzeichnung der schottischen Unabhängigkeitserklärung

erklärt. Der bekannteste Ferienort ist Aviemore, das dank der Nähe der Skipisten in Cairngorm (eines der drei Wintersportgebiete in dieser Gegend) während des ganzen Jahres viel besucht wird. Die Cairngorm Berge sind die höchste Berggruppe in Großbritannien, mit drei Gipfeln über 1219m. In ihrem Schatten fliegen Fischadler über Loch Garten und die strahlend farbenen Segel der Dinghis auf Loch Morlich bilden einen schönen Kontrast zu den dunklen Wäldern in der Umgebung.

Der Nordosten macht unweigerlich auf jeden, der seinen Charme entdeckt, einen großen Eindruck.

31

Die Gärten der Crathes Burg gehören zu den besten des Landes

Baumstammwerfen – der traditionelle Höhepunkt von Braemers Hochland Versammlung

Goldene Narzissen umgeben die Burg Glamis im Frühling

Schottlands bekannteste königliche Residenz ist die Burg Balmoral an der Deeside

Die Märchentürme der Craigievar Burg, nahe Alford

Aberdeens schöne Blumenanlagen vervollständigen dessen Granitgebäude

Die Burg Dunottar in großartiger Lage nahe Stonehaven

Die Fettercairn Brennerei hat ein traditionelles pagodeartiges Dach

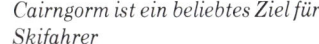

Das Landmark Centre von Carrbridge bietet ausgezeichnete Aussichten über die Speyside

Cairngorm ist ein beliebtes Ziel für Skifahrer

Der kleine Hafen von Pennan ist von hohen Klippen geschützt

Das nördliche Hochland

Das nördliche Hochland ist eine Region voll unvergeßlicher Farben. Hier, in einer der atemberaubendsten und unverschandeltsten Landschaften, erwarten den Besucher türkises Meer, silberfarbene Strände, violette Heidelandschaften und orangene Sonnenuntergänge, deren Farben besonders lebendig in der sauberen, glitzernden Luft hervortreten. Inverness, die Hauptstadt des Hochlands, ist ein florierendes Zentrum, die den Besucher mit dem Spruch *ceud mile failte* begrüßt – hunderttausend Willkommensgrüße. Die Hochländer sind von Natur aus freundlich und herzlich zu all ihren Gästen, aber 1746 gab es einen unwillkommenen Besucher, nämlich den Herzog von Cumberland, dessen Armee am Ende die vom Unglück verfolgten Jakobiter, unter der Führung von Prinz Karl Edward Stuart, in Culloden bezwang. Das Schlachtfeld ist heute ein melancholisches, vom Wind zerzaustes Moor, das für die Nachwelt vom schottischen National Trust erhalten wird.

Im Süd-Westen von Inverness liegt das lange enge Loch Ness, die legendäre Heimat des berühmten Monsters. Zum ersten Mal soll das Monster im 6. Jahrhundert gesichtet worden sein, aber trotz wissenschaftlicher Expeditionen, Unterwasserforschungen und Millionen von Touristenphotographien, hat das Monster bis jetzt jedem Versuch widerstanden, eindeutig zu belegen – oder zu widerlegen –, daß es tatsächlich existiert. Die Burg Urquhart ist ein beliebter Aussichtspunkt für Nessie-Beobachter, während die Loch Ness Monster-Ausstellung die ganze geheimnisvolle Geschichte erzählt.

Die großen Gipfel von Ben Loyal und Ben Hope brüten über dem wilden, einsamen Flußland von Caithness. Es ist eine merkwürdig trauernde Wildnis aus Torfmooren und Seen, reich an Flora und Vögeln. Die menschliche Geschichte dieses Gebietes ist ebenso traurig, denn es waren Caithness und Sutherland, die am schlimmsten von den berüchtigten Hochlands-'Sanierungen' im 19. Jahrhundert betroffen waren. Das nördliche Hochland wurde als ideal für Wollproduktion betrachtet, und Landeigentümer haben Familien, oft mit brutalen Methoden, von ihren Prachtgrundstücken vertrieben, um Platz für Schafe zu schaffen. Tausende wurden mittellos, sie konnten von der Fischerei allein nicht leben und Hunger war weitverbreitet. Schließlich zogen die meisten Menschen entweder in die südlichen Städte oder emigrierten nach Amerika. Erinnerungen an diese unglückliche Zeit sind unvermeidbar; ruinierte Stadtgemeinden und Pachtgrundstücke können noch heute in jedem Tal gesehen werden.

Der entlegene Nordwesten Schottlands hat eine Landschaft wie es sie nur einmal in Großbritannien gibt. Die Küste bietet mit ihren hohen Sandsteinklippen, den verlassenen Stränden und Dutzenden von kleinen Inseln eine großartige Ansicht, aber die beeindruckenden Berge sind das eigentlich Unvergeßliche. Gipfel wie Canisp, Stac Polly und der Zuckerhut Suilvan dominieren in ihrer isolierten Herrlichkeit die Landschaft und bilden einen atemberaubenden Hintergrund zu Lochinvers Hafen, und überschatten andere Prachtstücke der Natur, wie z.B. Großbritanniens höchsten Wasserfall, Eas Coul Aulin.

Der Fischhafen von Ullapool liegt am Broom See, einer der vielen Meeres-Seen, der sich entlang der wilden Küste von Wester Ross zieht. Ullapool, wie der nahegelegene Ferienort Gairloch, ist der Ausgangspunkt für Vergnügungsboote, die Vogelbeobachter, Angler und Touristen mit Speisen und Getränken versorgen. Als der schönste der Hochlandseen gilt jedoch der See Maree, eine kleine Wasserausdehnung im Inland. Die in ihrer Wildheit schönen, waldigen Ufer werden vom steilhangigen Sloch überschattet. Nahebei ist der berühmte Garten Inverewe, ein Schaustück subtropischer Gartenbaukunst, wo exotische Pflanzen und Büsche in einer oft wohlriechenden Umgebung gedeihen, die durch den wärmenden Einfluß des Golfstroms geschaffen wird.

Die Burg Inverness überblickt die Ness

Der Denkmalshügel beim Culloden Schlachtfeld

Weiter im Süden ist die Landschaft, wenn das überhaupt möglich ist, noch großartiger. Die massigen Berge von Torridon – Beinn Eighe, Liathach und Beinn Alligin – stellen eine Herausforderung selbst für die erfahrensten Bergsteiger und Wanderer dar, und die Aussicht, so seltene Spezies wie den Baummarder oder den Goldenen Adler zu sehen, ist noch eine zusätzliche Attraktion. Tatsächlich ist das nationale Naturreservat von Beinn Eighe das erste Gebiet, das so genannt wurde. Im Süden, an den Ufern des Carron Sees, liegt das hübsche Dorf Plockton, dessen Palmenbäume und weißgewaschenen Cottages eine rivieraartige Atmosphäre haben. Die Züge der phantastischen Kyle Linie führen durch Plockton zur Endstation von Kyle in Lochalsh, dem Fährenhafen für Skye. Der See Alsh selbst ist mit dem See Duich verbunden, wo im Schatten der majestätischen Fünf Schwestern von Kintail die Burg Eilean Donan Wacht auf ihrem felsigen Inselchen hält.

Inmitten solcher Großartigkeit fällt es schwer, denjenigen zu widersprechen, die behaupten, daß das nördliche Hochland der schönste Ort der Erde ist.

Die Burg Urquhart liegt über Loch Ness

Der majestätische Suilven thront über Assynt

John O'Groats hat einen kleinen betriebsamen Hafen

Ullapool ist ein wichtiger Fischereihafen an der Westküste

Subtropische Pflanzen gedeihen im Inverewe Garten

Sonnenuntergang in Diabaig am Loch Torridon

Das Dorf Plockton liegt idyllisch am Loch Carron

Die Fünf Schwestern von Kintail erheben sich über Glen Shiel und Loch Duich

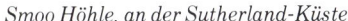

Die Burg Eilean Donan – typisch schottisch

Hochland Rinder in Torridon

Smoo Höhle, an der Sutherland-Küste

Die Inseln

Die Schotten hatten schon immer eine besondere Affinität zur See. Für die schottischen Inselbewohner von früher und heute ähnelte diese Beziehung jedoch eher einer Abhängigkeit. Das Meer bietet die Nahrung, sorgt für Transport und Arbeit und die Inselbewohner respektieren seine überwältigende Kraft und Schönheit.

Die nördlichen Orkney- und Shetland-Inseln werden von Politikern, Landkartenmachern und Wettervorhersagern oft wie eine Gruppe behandelt, aber wenn man das tut, verkennt man ihre sehr unterschiedlichen Persönlichkeiten. Die Orkney-Inseln, das mag überraschen, liegen niedrig und sind grün und sehr fruchtbar, was sie zu einem natürlichen Ziel für aufeinanderfolgende Wellen von Invasionen machte: zuerst Steinzeitmenschen, dann Pikten und schließlich die Wikinger. Über den gesamten Orkney-Inseln gibt es unzählige archäologische Stätten, wovon die drei bekanntesten auf der größten Insel, Mainland, liegen. Skara Brae ist ein viertausend Jahre altes Dorf, dessen Wohnhäuser, Mobiliar und Einrichtungen sich bis zur Ausgrabung unter Sand erhalten haben. Maes Howe ist ein massiger Begräbnis – Steinhügel aus der Steinzeit; und der Ring von Brodgar ist ein guterhaltener Steinkreis.

Auch Shetland verfügt über einige herausragende prähistorische Überreste, aber der Einfluß der Wikinger ist hier viel stärker als auf den Orkney-Inseln. Der regionale Dialekt hat einen ausgeprägt nordischen Charakter, wie so viele der Ortsnamen. Und die

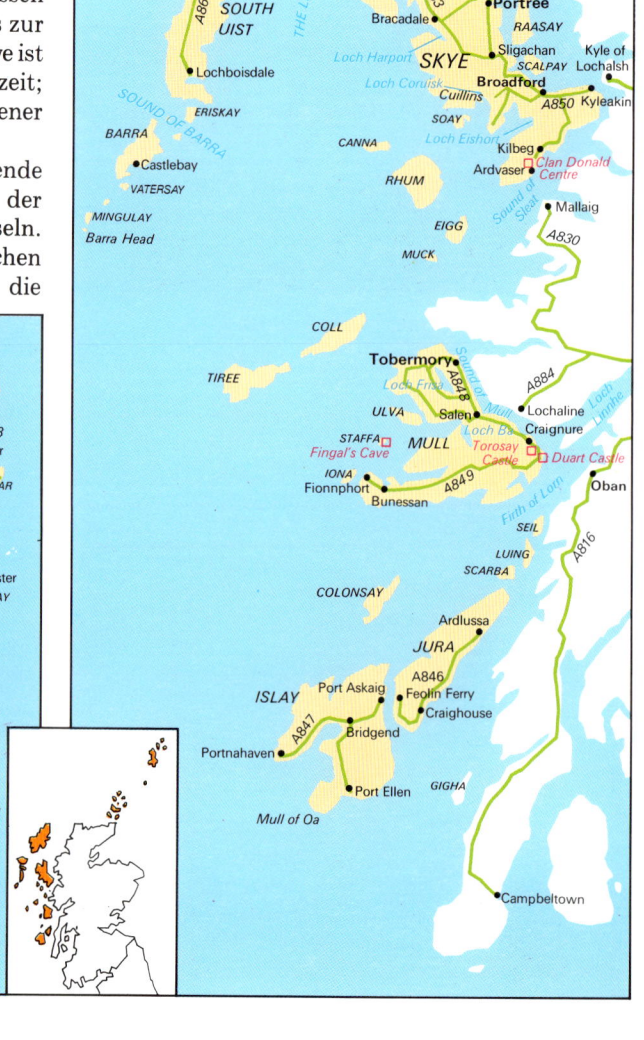

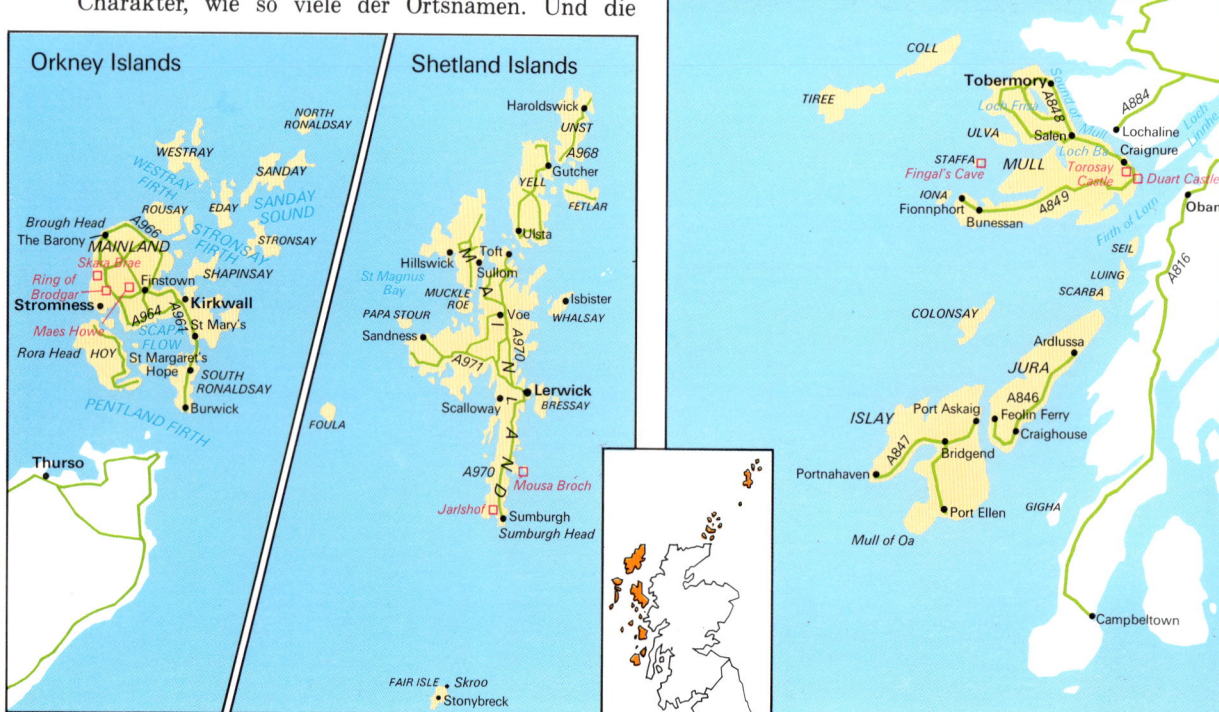

Die 4000 Jahre alte Siedlung Skara Brae auf Orkney ist ein Mekka für Archäologen

Shetlander erzählen mit Stolz, daß ihre nächste Eisenbahnstation in Bergen, Norwegen, liegt. Um diese skandinavische Verbindung zu feiern, wird jedes Jahr als Höhepunkt des Up Hell Aa Festivals, das im Januar in der Hauptstadt Lerwick stattfindet, ein Wikingerboot abgebrannt.

Zwischen den westlichen Inseln -oder, um sie bei ihrem richtigen Namen zu nennen, den äußeren Hebriden – und dem Rest von Schottland liegen Welten. Auf dieser ganzen langen Inselkette von Lewis im Norden bis hin zu den kleinen Inselchen von Barra im Süden sind die weißen, verlassenen Strände eine Augenweide, steigt der Geruch von Torf in die Nase und das Ohr wird vom Sing-Sang der gälischen Sprache beruhigt – denn hier ist das Gälische die erste Sprache für die Mehrheit der Menschen. Lewis ist die bevölkertste der westlichen Inseln, aber selbst hier gibt es nur eine Stadt -Stornaway- und viele der Einwohner arbeiten auf kleinen Pachtgrundstücken, den traditionellen, kleinen Farmen. Trotz seiner scheinbaren Isolation, ist Lewis schon seit Tausenden von Jahren besiedelt. Der dramatischste Beweis dafür sind die überwältigenden Standing Stones von Callanish, die vor mehr als 4000 Jahren errichtet wurden. Dämme und ein Fährverkehr verbinden viele der westlichen Inseln miteinander, aber das bergige Harris braucht derartige Verbindungen nicht, da es ein Teil der selben Insel wie Lewis ist. Nichtsdestotrotz halten sie an ihrer eigenen Identität fest. Die kleineren Inseln im Süden, wie Nord und Süd Uist, Benbecula und Barra, sind berühmt für ihre hervorragenden Strände und ihre grünen mit Blumen übersäten Wiesen. Interessanterweise sind die meisten der Inselbewohner im Süden von Benbecula römisch-katholischer Konfession, während weiter im Norden ein strikter Prebyterianismus herrscht.

Die Inneren Hebriden, so sehr bei Seglern beliebt, werden von der Skye-Insel dominiert, auf die oft das Adjektiv 'zauberhaft' angewandt wird, und das aus guten Gründen. Ganze Bände wurden über diese romatischste aller Inseln geschrieben, aber keine Worte könnten die brütende Majestät der Cuillins beschreiben, die die atemberaubendste Bergkette des ganzen Landes ist. Skye wird unvermeidlicherweise von den Cuillins dominiert, aber die Insel hat noch viele andere Aspekte, zu der z.B. die dramatischen Felsformationen des Quiraing und des Old Man of Storr, die wichtigste Stadt Portree und das Clan Donald Zentrum gehören.

Weiter im Süden, liegt Mull, eine große und hügelige Insel. Im Hafen von Tobermory, suchen Taucher immer noch nach dem Schatz, der angeblich in einem der Wracks der spanischen Galeonen enthalten gewesen war, die hier 1588 gesunken sind. Im Westen von Mull befinden sich die niedrig liegenden Inseln von Coll und Tiree (die die meisten Sonnentage in Großbritannien haben) und das Naturwunder von Fingals Höhle auf Staffa, die Mendelssohn zu seiner *Hebriden-Ouvertüre* angeregt hat. Aber die eigentümlichste von allen Inseln der Inneren Hebriden ist Iona, eine schöne und sanfte Insel. Hier gründete der Heilige Columba 563 vor Christus seine Missionskirche, und seitdem ist die Insel ein Zentrum der Christenheit. Die benediktinische Abtei aus dem 13. Jahrhundert wurde sorgfältig restauriert und die Gräber vieler schottischer, norwegischer und irischer Könige können noch heute gesehen werden. Weiter im Süden liegen die Inseln von Colonsay, Jura und Islay. Man erkennt sie sofort an den stechenden Jod- und Torfgerüchen der Malt Whiskys von Islay, und auf vielfältige Art beschreiben sie den Charakter der Inseln am prägnantesten.

Die St. Magnus Kathedrale dominiert Kirkwall

Einer der vielen farbenprächtigen Papageientaucher

Shetlands Mousa Broch ist besonders gut erhalten

Up Helly Aa – Lerwicks Wikinger Feuerfestival

Die mysteriösen Stehenden Steine von Callanish findet man an der Westküste von Lewis

Die unverschandelten Strände und weiten Meeresausblicke von Harris sind typisch für die Äußeren Hebriden

*Die Cuillins von Skye sind
am schönsten im Winter*

*Tobermory ist die 'Hauptstadt'
der Insel Mull*

Die Abtei auf der heiligen Insel Iona

Fingals Höhle auf Staffa inspirierte den Komponisten Mendelssohn

Die Westküste

Die Westküste Schottlands, so wird allgemein gesagt, ist einer der schönsten Küsten der Welt. Entlang dieses Abschnitts dringen tiefe und enge Meeresseen in das bergige Binnenland, und bieten damit herrliche landschaftliche Kontraste, wobei farbige Fischerdörfer und lebendige Ferienorte der landschaftlichen Größe eine menschliche Dimension geben. Wenn ein einziger Ort überhaupt vollständig die romantische Attraktion repräsentieren kann, dann ist es Glennfinnan. Hier steht vor dem Hintergrund der Hügel von Loch Shiel das Glennfinnan Monument, eine einsame Säule, die an das Ereignis im Jahre 1745 erinnert, als Prince Charles Edward Stuarts Fahne vor jubelnden Mengen von Clansleuten errichtet wurde, was den Anfang der zweiten -und verfehlten- jakobitischen Rebellion markierte. Die beeindruckendste Ansicht auf dieses Monument erhält man von dem imposanten Eisenbahnviadukt, das auf der westlichen Hochlandstrecke liegt, die von Fort William nach Mallaig führt – eine Strecke, die berühmt für ihre Schönheit ist. Ben Nevis, der mit 1322 m der höchste Gipfel Großbritanniens ist, überragt Fort William. Die nördlichen Hänge des Berges wurden in den letzten Jahren zu Wintersportgebieten entwickelt. Weiter im Süden, in Glencoe, gibt es ebenfalls gute Skimöglichkeiten. In diesem bemerkenswertesten der schottischen Täler herrscht jedoch eine alles durchdringende düstere Stimmung, was zweifellos mit dem berüchtigten Massaker zu tun hat, das hier 1692 stattfand, als die Campbells, während sie als Gäste bei den Macdonalds wohnten, diese in ihrem Schlaf ermordeten.

Man ist nie weit von der Küste in Argyllshire entfernt, wo Segeln und Angeln beliebte Freizeitbeschäftigungen sind. Ja, die Meeresfrüchte sind so sehr geschätzt, daß ein Großteil des Fangs täglich an die besten Restaurants in Europa exportiert wird. Oban ist die wichtigste Stadt in Argyll, und seine halbrunde Bucht, die von dem McCaigs Turm, einem kollosseumsähnlichen exzentrischen Prachtbau, überblickt wird, ist vielleicht die meistfotografierte Strandpromenade in Schottland. Oban wurde wegen seiner regelmäßigen Fährverbindungen das Tor zu den Inseln genannt. Gleich im Innenland ist der See Awe, wo die Kilchurn Burg malerisch unter dem Ben Cruachan liegt, ein Berg, der ausgehöhlt wurde, um dort ein Wasserkraftwerk zu behausen. Wieder an der Küste, wird die Landschaft sanfter je weiter man Richtung Süden reist. Eine Kuriosität ist die Insel Seil, die mit dem Festland durch eine kleine Steinbrücke verbunden ist, die zwar korrekt, aber etwas irreführend, die 'Brücke über den Atlantik' genannt wird.

Loch Fyne, der berühmt ist für seine Bücklinge, zieht sich tief ins südwestliche Hinterland. Entlang seiner Küste liegt der hinreißende Waldgarten von Crarae und die hübsche Stadt Inveraray. Dies ist eine am grünen Tisch geplante georgianische Siedlung, die in der zweiten Hälfte des 18. Jahrhunderts von dem 3. Herzog von Argyll gebaut wurde, um das ursprüngliche Dorf zu ersetzen. An seiner Stelle setzte der Herzog die weißgewaschene Burg Inverary, die heute über herrliche Sammlungen von Möbeln, Bildern und Porzellan verfügt. Die meisten Touristen von Loch Fyne werden über die Straße reisen, die als 'Ruhe Dich aus und sei dankbar' bekannt ist. Aber so großartig die Aussichten von dieser ehemaligen militärischen Route auch sind, sie geben doch nur eine Ahnung von den Schönheiten, die einen auf der Cowal Halbinsel weiter im Süden erwarten. An jeder Biegung der Straßen durch den Waldpark von Argyll öffnen sich neue Ausblicke auf das Meer, die Hügel und die Inseln, wobei die Büsche und Bäume des Jüngeren Botanischen Gartens eine beson-

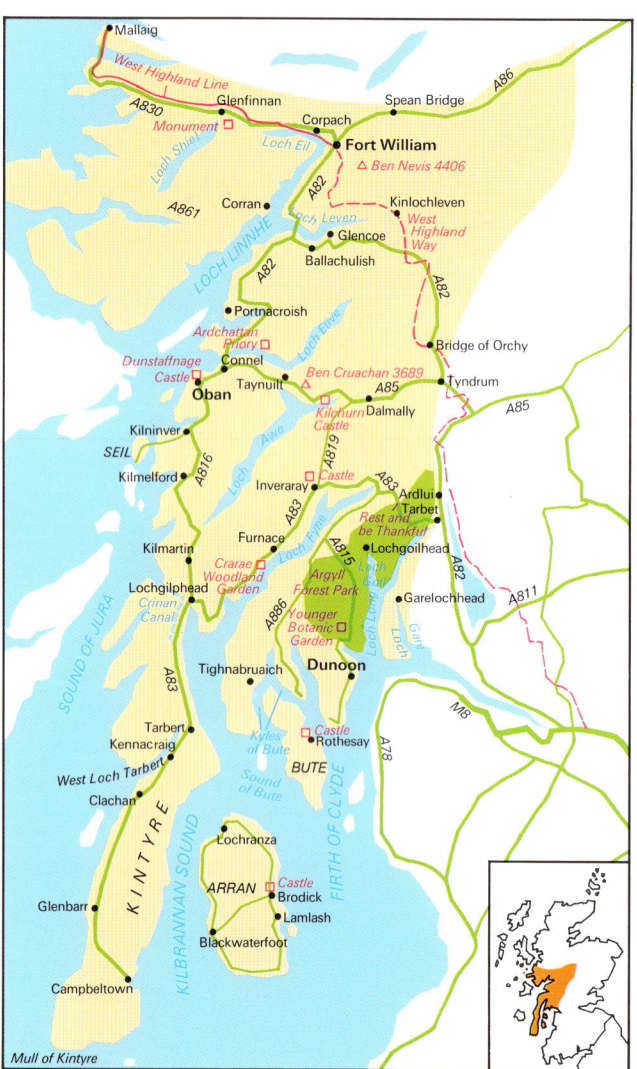

dere Augenweide sind. Dunoon ist der wichtigste Ferienort, und jedes Jahr im August wird hier der Höhepunkt von den Dudelsackparaden gebildet, die Teil der Cowal Hachland Versammlungen sind. Rothesay, das auf der nahegelegenen Insel Bute liegt, ist ein weiteres, beliebtes Feriendorf an der Firth of Clyde. Seine Burg aus dem 11. Jahrhundert, die so berühmte Namen wie Robert Bruce und Oliver Cromwell heraufbeschwört, ist eine der ältesten im ganzen Land. Der Erbe des britischen Thrones führt immer noch den Titel Herzog von Rothesay.

Arran, die größte Insel an der Clyde, ist voll von interessanten Sehenswürdigkeiten. Arran hat Berge, Täler, Sandstrände und eine dichte Konzentration von Relikten aus der Bronze- und Eisenzeit und eine erwähnenswerte Burg in Brodock, der Hauptstadt der Insel. Während Robert Bruce Schutz in einer Höhle in der Nähe des Dorfes Blackwaterfoot fand, sah er die berühmte Spinne, die ihn dazu ermutigte, zu 'versuchen, versuchen und immer wieder zu versuchen', sein Land von der Vorherrschaft Englands zu befreien. Dies ist die Westküste. Kein Besuch nach Schottland wäre ohne eine Kostprobe ihres Zaubers vollständig.

Glenfinnan Monument mit unvergleichlicher Umgebung

Eine Dampflokomotive auf der malerischen West Highland Linie

Ben Nevis von Inverlochy

*Glencoes brütende Gipfel
sind oft nebelverhangen*

*Morars berühmte
Silberstrände liegen nahe
von Mallaig*

Oban ist der Haupthafen der Westküste

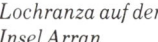

Burg Kilchurn bewacht das östliche Ende von Loch Awe

Lochranza auf der Insel Arran

Die Burg Inveraray, die Heimat des Herzogs von Argyll

Glasgow

Als der Missionar St. Mungo im 6. Jahrhundert eine Klosterkirche nahe beim flachen Fluß Clyde erbaute, hätte er sich kaum vorstellen können, daß später einmal eine große Stadt namens *Glas Cau* (der grüne Ort) an dieser Stelle wachsen würde. St. Mungo war offensichtlich kein gebürtiger Glasgower. Denn wenn er es gewesen wäre, hätte er gewiß das scheinbar Unmögliche vorhergesagt und wäre dann daran gegangen, es zu ermöglichen.

Die Geschichte Glasgows zu erzählen heißt, eine Berg-und Talfahrt durch die Wirtschaftsgeschichte zu nehmen, denn die Stadt schlingerte durch die Jahrhunderte von einem wirtschaftlichen Boom in ein folgendes Tief und immer so weiter. Die kleine Kirchensiedlung wurde eine Kleinstadt, die um die Kathedrale aus dem 13. Jahrhundert gebaut wurde, die die ursprüngliche Kirche von St. Mungo ersetzte. Die Stadt wuchs stetig unter der Ägide von Kaufleuten und Händlern, aber erst nach der parlamentarischen Vereinigung von Schottland und England im Jahre 1707 begann sie zu florieren, als nämlich riesige neue Märkte sich den schottischen Importeuren und Exporteuren öffneten. Die Kaufleute aus Glasgow – die sogenannten Tabak-Lords – gediehen durch den transatlantischen Tabak-, Zucker- und Rumhandel und dies half, ein neues Glasgow durch den Bau von Herrenhäusern und

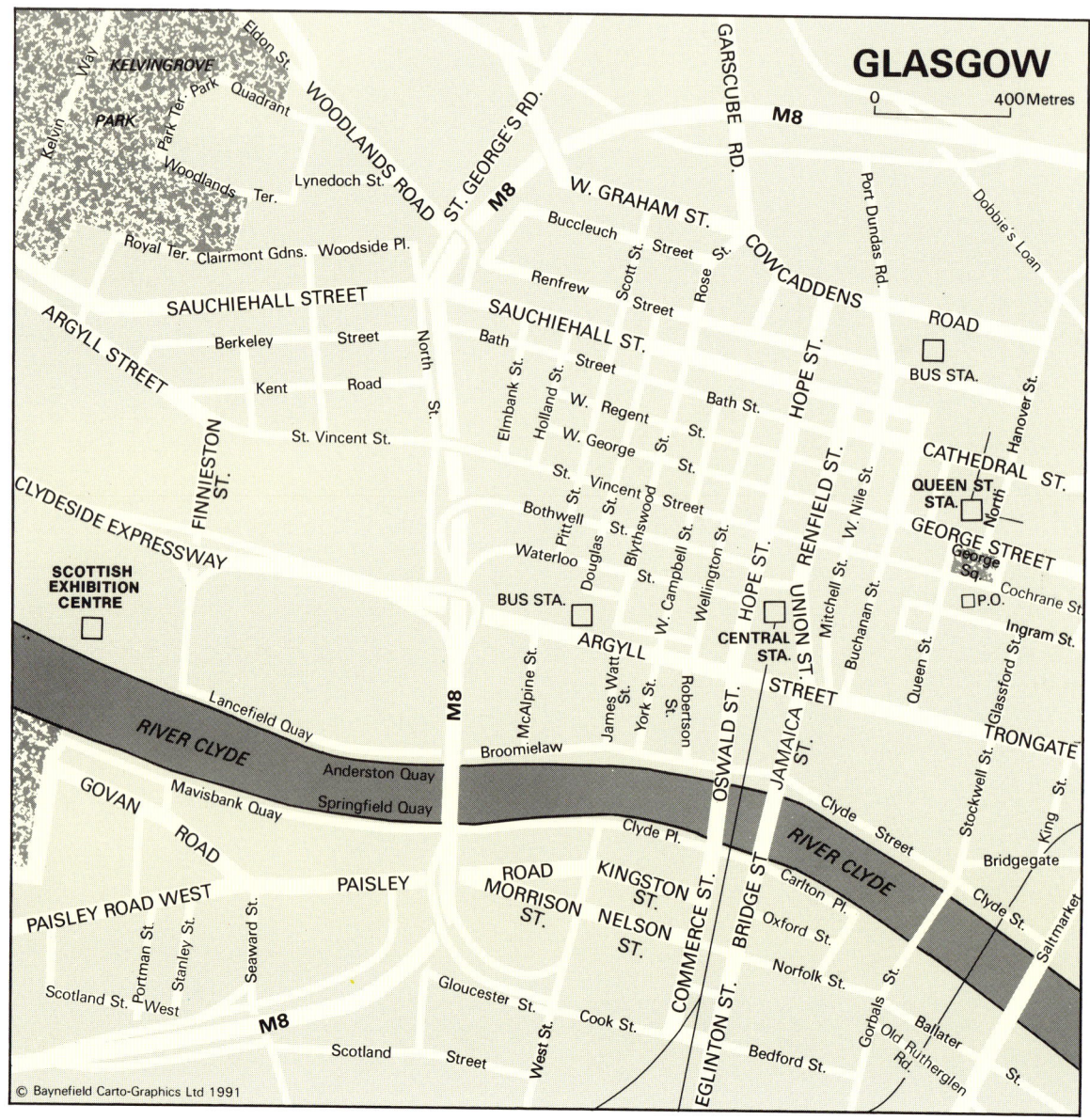

George Square liegt im Herzen von Schottland

Warenhäusern in einem Gebiet zu gestalten, das heute die Kaufmannsstadt genannt wird. Heute sind viele der schönen Gebäude in diesen Straßen in Luxusapartments, exklusive Läden und Restaurants umgewandelt.

Der amerikanische Unabhängigkeitskrieg jedoch setzte diesem Handelsboom ein Ende, so daß das Glasgow des 19. Jahrhunderts andere Einkommensquellen finden mußte. Es tat dies in großem Stil, indem es die 'zweite Stadt des Königreichs' wurde, nämlich die Hauptstadt der Schwerindustrie in der Welt. Der Clyde Fluß wurde zu einem industriellen Wasserweg, der sowohl Eisenerz und Kohle aus Lancashire als auch Endprodukte wie Eisenbahnlokomotiven transportierte, und die Energie für die Wollmühlen lieferte, die die ersten großen Fabriken im Land waren. In New Lanark, im Süden von Glasgow gründete der innovative Mühlenbesitzer Robert Owen eine Modellgesellschaft, die die Lebens- und Arbeitsbedingungen der Textilarbeiter auf entscheidende Weise verbesserte. Und es gab noch weitere Neuerungen in Paisley, wo die stets beliebten Wirbelschlaufenmuster entworfen wurden.

Als es mit der Wollindustrie bergab ging, wandte sich die immer weiter und schneller wachsende Stadt dem Schiffsbau als seiner Hauptindustrie zu. Die auf dem Clyde gebauten Schiffe wie z.B. die *Queen Mary* und die *Queen Elizabeth* verbreiteten den Ruf Glasgows weltweit, bis traurigerweise die meisten Schiffswerften schließen mußten. Glasgow ist nicht mehr eine Stadt der Schwerindustrie, aber seine prächtigen, viktorianischen Gebäude erinnern an die Zeit der wirtschaftlichen Blüte. Hervorzuheben sind hier besonders die extravaganten Innenräume der City Chambers, die den Wohlstand und das Selbstbewußtsein des viktorianischen Zeitalters reflektieren; dann die üppige Teppichindustrie in Templeton, die sich von dem Dogenpalast in Venedig hat anregen lassen; und schließlich, aus einer etwas späteren Zeit, die Jugenstildesigns der Glasgow School of Art, die bis ins kleinste Detail von dem großen Architekten Charles Rennie Mackintosh entworfen wurden.

In den letzten Jahren hat Glasgow einen Ruf als Kulturstadt erworben. Die Schaffung eines ausgezeichneten Gebäudes zur Unterbringung der berühmten Burrell-Sammlung bedeutete mehr als nur einer erstklassigen *objets d'art* Kollektion eine Heimat gegeben zu haben. Es half außerdem, die Aufmerksamkeit auf die immer schon dagewesenen kulturellen Schönheiten Glasgows zu konzentrieren. In der Kelvingrove Kunstgallerie verfügt Glasgow über die beste städtische Kunstsammlung in ganz Großbritannien; sie hat außerdem den viel bewunderten Palast des Volkes, ein Museum, das die regionale Geschichte der Arbeiterklasse feiert; mehrere berühmte Theater nennt es die seinen; und sie ist die Heimat des hochgeschätzten, schottischen nationalen Orchesters, der schottischen Oper und des schottischen Ballets. Glasgows zeitgenössische Maler und Musiker haben international Anerkennung erhalten, und es ist ein Tribut an die kulturelle Lebendigkeit der Stadt, daß viele dieser Künstler weiter hier arbeiten und leben.

Das Motto von Schottlands größter Stadt heißt: 'Laßt Glasgow blühen.' Es ist eher eine Absichtserklärung als ein Ausdruck von Hoffnung, und selten wurde wohl ein Motto besser gewählt. Glasgows unablässiger Unternehmensgeist, verbunden mit einem unerschütterlichen Glauben an sich selbst, wird auch für die Zukunft garantieren, daß die Stadt weiter gedeiht, immer bereit, sich wechselnden Umständen anzupassen, während es seine Haupteigenschaft behält: Warmherzigkeit.

Schlepper auf der Clyde

Das vorbildliche, industrielle Dorf New Lanark liegt im Süden von Glasgow

Die prunkvolle Teppichfabrik von Templeton

Haggis – Schottlands Nationalgericht

Moderne Skulpturen bei der Burrell Sammlung

Glasgow City Chambers

Exklusives Einkaufszentrum beim Princes Square

Der Kibble Palast in den Botanischen Gärten

Der Südwesten

Der Südwesten ist wahrscheinlich Schottlands unentdeckteste Region. Seine sanften Landschaften und ruhigen Meeresstücke sind Welten entfernt von dem rauhen und wilden Bild, das man sich gewöhnlich von Schottland macht, und doch ist auch dieser Südwesten unverkennbar schottisch. Denn hier ist schließlich die Heimat von Robert Burns, dem Barden der Nation. Und hier ist der romantischste aller schottischen Orte: Gretna Green.

Die Küste von Ayrshire ist mit seiner Kette von kleinen Ferienorten wie Largs, Troon und Girvan, die in Richtung auf die See zur Insel Arran und Ailsa Craig blicken, eine von Schottlands beliebtesten Urlaubsdomänen. An dieser Küste liegt ebenfalls ein Meisterwerk von Robert Adam: die luxuriöse Burg Culzean, die zusammen mit ihrem Park der meistbesuchte Besitz des National Trusts für Schottland ist.

Aber Ayrshire wird hauptsächlich mit Robert Burns in Verbindung gebracht. Es scheint, daß jede Gemeinde eine Burns-Verbindung hat, und wenn man durch dieses Gebiet reist, ist es nicht schwer, die ländlichen Szenen und den speziellen Ayreshirecharakter wiederzuerkennen, die den Dichter aus dem 18. Jahrhundert inspiriert haben. Burns wurde in Alloway, gleich im Süden von Ayr, geboren und sein Geburtsort (ein Cottage) wurde als Museum bewahrt. Sowohl in Alloway als auch in dem belebten Ferienort Ayr gibt es Monumente, Museen und Memorabilia in Hülle und Fülle, die dieses bemerkenswerten Schotten gedenken. Wie er selbst bekannte, war er ein Trinker und Schürzenjäger, dessen manchmal scharfe und manchmal überschäumende, aber immer menschliche Verse auch noch heute die Leser erfreuen und bewegen.

Turnberry – einer von Schottlands schönsten Golfkursen

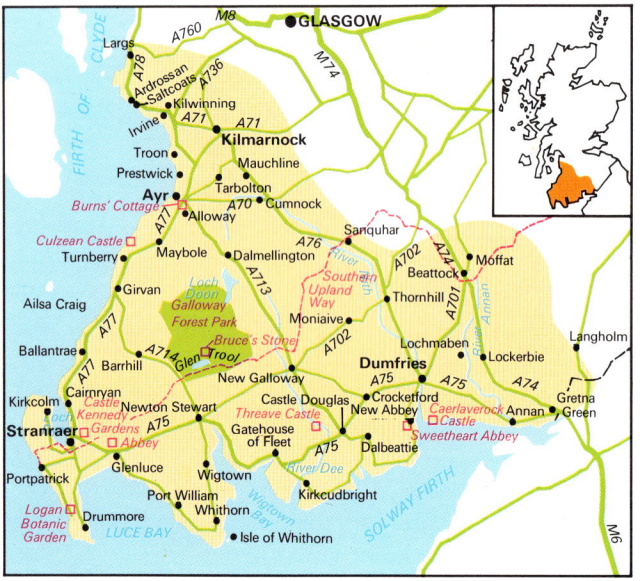

Burns lebte die letzten wenigen Jahre seines so tragisch kurzen Lebens nicht in Ayrshire, sondern weiter im Süden in der hübschen Marktstadt von Dumfries – noch eine Stadt, dessen Museen und Herbergen vollgestopft von Burnsiana scheinen. Dumfries ist als 'Königin des Südens' bekannt – ein romantischer Name, der über die Geschichte der Invasionen und Fehden hinwegtäuscht. Gleich im Süden von Dumfries, zu beiden Seiten des Nith, liegen zwei von Schottlands schönsten geschichtlichen Gebäuden. Die Burg von Caerlaverock ist eine erstklassige, dreieckig geformte Befestigungsanlage aus Sandstein, samt Burggraben, wo im Jahre 1300 sechzig Mann einer Belagerung von 3000 Männern aus der Armee von Edward I standhielten. Bewegender ist die ruinierte Sweetheart Abtei, ein Zisterzienserkloster, das im späten 13. Jahrhundert von Devorgilla Balliol zur Erinnerung an ihren Gemahl gegründet wurde, und das so genannt ist, weil sie sein einbalsamiertes Herz mit zu ihrem eigenen Grab nahm.

Etwas entfernt von den hübschen Küstendörfern wie New Abbey und Kippford, steigen die Hügel von Dumfriesshire auf über 762 m an. Kleine Städte wie Langholm und Moffat bezogen ihre Prosperität von Schaf- und Rinderzucht. Die bemerkenswerte Devil's Beef Tub ist eine tiefe, natürlich geformte Aushöhlung in den Hügeln, die als Versteck von Rinderdieben benutzt wurde. Nahebei stürzt der Grey Mare's Tail Waserfall spektakulär eine grasbewachsene Schlucht hinab.

Die hauptsächlichen, landschaftlichen Schönheiten des Südwestens liegen jedoch weiter im Westen, in den schönen Wäldern, Seen und Tälern der Galloway Hügel. Diese Landschaften sind friedlicher und ruhiger als das wildere schottische Hochland, obwohl auch sie ganz unverkennbar schottischen Charakter haben. Im

Zentrum des Galloway Waldparks mit seinen markierten Wegen, Rothirschen und wilden Ziegen steht der schöne Glen Trool, wo der Brucestein eine frühe Schlacht von Robert Bruce gegen die Engländer markiert.

Ein guter Teil von Galloways Charme liegt in seinen unverschandelten Städten und Dörfern und in Anziehungspunkten wie den Burgen von Douglas, Kirkcudbright und Gatehouse of Fleet. Der ruhige Gang, den hier das Leben nimmt, erinnert an ein vergangenes Zeitalter, das noch ein bißchen mehr Muße als das unsere hatte. In diesem Gebiet herrscht das mildeste Klima Schottlands, das zusammen mit dem günstigen Einfluß des Golfstroms größtenteils für die Schönheit einiger der farbigsten Gärten Schottlands verantwortlich ist. Echte Juwelen sind Threave, Castle Kennedy und die subtropischen Palmen des Botanischen Gartens von Logan.

Aber hier, noch etwas weiter im Osten, nahe der englischen Grenze, muß diese kleine Rundfahrt durch Schottland enden. Für unzählige Jungvermählte symbolisierte die Werkstätte des Schmieds von Gretna Green mit seinem Hochzeitsamboß einen Anfang – nicht nur von Schottland, sondern auch den Beginn eines Lebens zusammen. Es ist nur recht, daß soviele Besuche nach Schottland an solch einem romantischen Ort beginnen und enden – denn vor allem ist es ja die Romantik in ihrer vielfältigen Gestalt und Form, die wahrhaft Schottlands Pracht ausmacht.

Die Burg Culzean in Ayrshire ist eines der Meisterwerke von Robert Adams

Der bescheidene Geburtsort von Robert Burns in Alloway, nahe Ayr

Die beeindruckenden Ruinen der Caerlaverock Burg

Dumfries liegt an der Nith

Die Kaskaden des Grey Mare's Tail

Bruce's Stone überragt das malerische Glen Trool

Der Threave Garten nahe der Burg Douglas

Ein Rothirsch in den Wäldern des Süd-Westens

Fischer- und Vergnügungsboote im Hafen von Portpatrick, mit Blick Richtung Westen auf die Irische See

Die Alte Schmiede in Gretna Green, der romatische Rahmen für Tausende von Hochzeiten